Petra
Reiring-Achtermann

Flieg in den Frühling!

Fensterbilder aus Tonkarton und Wellpappe

Anleitungen für die Motive auf
den Seiten 1 bis 3 finden Sie hier:
Osterhase – Seite 10
Küken – Seite 25
Katze – Seite 32

Fotos: frechverlag GmbH, 70499 Stuttgart;
Fotostudio Ullrich & Co., Renningen

Dieses Buch enthält:
4 Vorlagenbogen

Auflage:	5.	4.	3.	2.	1.	Letzte Zahlen
Jahr:	2007	2006	2005	2004	2003	maßgebend

Druck: frechdruck GmbH, 70499 Stuttgart

ISBN 3-7724-3069-4 · Best.-Nr. 3069

Ein Lächeln
ist das schönste und
einfachste Geschenk,
das ein Mensch
bekommen kann.

In diesem Spruch, den ich vor einiger Zeit gelesen habe, steckt viel Wahrheit. Wenn ich ein Fensterbild entwerfe, ist mir die Ausstrahlung des Motivs besonders wichtig. Kinder achten sehr auf den Gesichtsausdruck. Freundliche, heitere Motive schaffen im Kinderzimmer eine positive und fröhliche Atmosphäre: Die kleine Biene auf dem blühenden Zweig lädt zum Ausruhen ein. Der Osterhase mit voll gekleckster Kleidung, der – schwups! – seine Pinsel hinter dem Rücken versteckt, regt zum Malen und Basteln an. Und das schneeweiße Schaf, das sich über den Frühling freut, macht Lust aufs Kuscheln. Ich freue mich, wenn Ihnen – und vor allem Ihren Kindern – mithilfe dieses Buches täglich ein paar freundliche Gesichter zulächeln.

Ihre Petra Reising-Ackermann

Das brauchen Sie

- Tonkarton und Wellpappe in verschiedenen Farben
- Dünne Pappe
- Transparentpapier
- Schere
- Locher oder Lochzange
- Cutter mit Schneideunterlage
- Sticknadel
- Nähgarn
- Transparenter Nylonfaden
- Lineal
- Bleistift
- Weißer Korrekturstift oder Plusterfarbe
- Dünne Filzstifte in Schwarz und Rot
- Selbstklebende Farbpunkte in verschiedenen Farben, ø 8 mm (z. B. von Herma oder Z-Design)
- Klebstoff
- Rouge, dunkelrosa
- Wattestäbchen

Schritt für Schritt erklärt

1.

Übertragen Sie alle Teile des Motivs ohne Überschneidungen vom Vorlagenbogen auf Transparentpapier. Anschließend kleben Sie das Transparentpapier auf dünne Pappe. Schneiden Sie nun alle Teile akkurat aus.

Aufgepasst:

Bei Wellpappe müssen Sie die Teile spiegelverkehrt auf die glatte Rückseite übertragen und außerdem den Wellenverlauf beachten!

2.

Legen Sie die so entstandenen Schablonen jeweils auf den Tonkarton in der gewünschten Farbe und umfahren Sie sie mit Bleistift. Dann schneiden Sie die Motivteile in der erforderlichen Anzahl aus.

3.

Jetzt können Sie alle Teile entsprechend der Anleitung und dem Foto montieren. Um die richtige Position für die einzelnen Teile zu finden, können Sie sie meist exakt auf den Vorlagenbogen legen und dann zusammenkleben. Einige Motive werden schließlich mit Filzstiftlinien oder Punkten verziert. Weiße Lichtpunkte werden mit Korrekturstift oder Plusterfarbe (ohne sie aufzuplustern) gemalt.

Tipps und Tricks

Details übertragen

Um Augen, Mund und andere Konturen bzw. Binnenzeichnungen genau anzubringen, empfiehlt es sich, diese zunächst mitsamt dem Gesichtsumriss auf Transparentpapier zu übertragen. Anschließend legen Sie die Zeichnung genau auf das Tonkarton-Motiv und fahren die fehlenden Linien unter leichtem Druck mit dem Bleistift nach, sodass sie durchgedrückt werden. Jetzt müssen die Linien auf dem Tonkarton nur noch mit Filzstift nachgezogen werden.
Apropos Augen: Bei einigen Motiven können Sie selbst wählen, ob Sie sie mit schwarzem Filzstift zeichnen oder aber aus schwarzem Tonkarton ausschneiden möchten.

Beidseitige Motive anfertigen

Die Mengenangaben in den einzelnen Materiallisten gelten für einseitig gearbeitete Fensterbilder. Besonders schön ist natürlich Fensterschmuck mit zwei Schauseiten, für den Sie doppelt so viel Material besorgen müssen. Arbeiten Sie zunächst das Motiv von einer Seite fertig. Drehen Sie es dann um und kleben Sie die Teile spiegelverkehrt auf die Rückseite.

Präzises Lochen

Damit Sie mit einem gewöhnlichen Büro-Locher exakt platzierte Löcher stanzen können, entfernen Sie einfach den Auffangdeckel. Nun schieben Sie die mit einem Punkt markierte Stelle des Tonkartons in den Locher. Schauen Sie von unten in den Locher, verschieben Sie den Karton, bis der markierte Punkt im Stanzbereich erscheint. Jetzt stanzen Sie das Loch.

Extra-Tipp für eilige Bastler

Wenn es einmal ganz schnell gehen muss, übertragen Sie alle Formen eines Motivs auf Pergamentpapier. Dann legen Sie die einzelnen Teile auf den farblich passenden Tonkarton und fahren die Linien unter leichtem Druck mit dem Bleistift nach. Jetzt schneiden Sie die Formen entlang der markierten Linie aus.

Aufhängen eines Fensterbildes

Beim Zusammenkleben beidseitig ausgearbeiteter Motive fixieren Sie zwischen Vorder- und Rückseite ein passendes Schleifenband. Andernfalls ziehen Sie durch das fertige Bild ca. 5 mm vom Rand entfernt einen Faden. In jedem Fall müssen Sie das Fensterbild zuvor zwischen Daumen und Zeigefinger ausbalancieren, damit es später nicht schief hängt! Sie können das Fensterbild auch mit Klebefilm direkt an der Scheibe anbringen.

Hinweis
Als Tonkartonreste bezeichne ich Stücke, die A5 oder kleiner sind.

Ich habe den Frühling gefunden!

Diese putzige Schildkröte könnte auch Ihnen die erste Frühjahrsblume bringen. Schneiden Sie zunächst den Körper aus. Anschließend kleben Sie den Panzer auf. Wenn Sie die Wellpappenteile fertigen, denken Sie daran, die Formen spiegelverkehrt auf die Rückseite der Wellpappe zu zeichnen. Ist dann auch die Haarschleife platziert, kleben Sie die weiß getupfte Blüte auf den grünen Stiel. Wie auf dem Vorlagenbogen durch die gestrichelte Linie angegeben, schneiden Sie den Mund der Schildkröte etwas ein, um die Blume dazwischenzustecken. Anschließend werden das Auge mit Lichtpunkt und die restlichen Binnenzeichnungen aufgemalt. Mit Rouge auf der Wange strahlt die Schildkröte mit der Sonne um die Wette.
Sie können die Schildkröte in verschiedenen Größen anfertigen und die Tiere im „Gänsemarsch" und mit andersfarbigen Blumen übers Fenster spazieren lassen.

Motivgröße

ca. 30 cm x 20 cm

Material

- Tonkarton in A4, hellbraun
- Tonkartonreste, hellgrün, dunkelgrün und rosa
- Wellpappenreste, dunkelgrün

Vorlagenbogen 2A

Frühlingsrendezvous

(Anleitung Seite 10)

Frühlingsrendezvous

(Abbildung Seite 8/9)

Oh ja, hier werden Frühlingsgefühle wach! Die beiden Mäuschen würden gern an Ihrem Fenster weiterflirten. Schneiden Sie zuerst die Körper, die Schwänze und die Ohren aus. Anschließend kleben Sie diese Teile entsprechend dem Vorlagenbogen zusammen. Nun befestigen Sie den Hut zwischen den Ohren des Mäusejungen. Das Mäusemädchen bekommt ein rosa Halstuch mit weißen Tupfen (Korrekturstift oder Plusterfarbe). Die Augen schneiden Sie aus weißem Tonkarton, den Sie schwarz bemalen – lassen Sie dabei am Rand einen schmalen weißen „Halbmond" stehen. Jetzt können Sie die Augen und die Nase fixieren und mit Lichtpunkten versehen. Die Mäuse nehmen nun im Gras Platz. Gestalten Sie die Frühlingswiese mit bunten Blumen und Grasbüscheln. Bevor die Mäuse turteln können, werden noch Binnenzeichnungen und Rouge aufgetragen.

Motivgröße

ca. 38 cm x 24 cm

Material

- Tonkarton in A3, dunkelgrün und grau
- Tonkartonreste, gelb, orange, rosa, blau, weiß und schwarz
- Wellpappenreste, hellgrün

Vorlagenbogen 1A

Als Künstler bin ich `ne Wucht!

Soll dieser fleißige Hase auch bei Ihnen das Osterfest ankündigen und die ersten Eier bemalen, dann fertigen Sie zunächst alle braunen Körperteile des lustigen Künstlers. Anschließend schneiden Sie die blaue Hose und den gelben Pullover aus. Jetzt kleben Sie das Bauchteil von hinten an die Hose, danach befestigen Sie den Pullover. Die beiden Armteile werden von hinten angebracht. Der Kopf wird mit Augen und Nase vervollständigt und an den Pulli geklebt. Auch die Füße und die Farbkleckse können schon fixiert werden. Die beiden Pinselstiele bemalen Sie am Ende mit Schwarz und versehen sie mit einer roten und grünen Farbspitze, bevor Sie sie hinter dem Körper montieren. Das Osterei wird mit kleinen Punkten bunt verziert und hinter den Hasen geklebt. Nun befestigen Sie beides auf der Wiese aus Wellpappe. Verfeinert wird das Ganze mit Linien, Lichtpunkten und Rouge. Fröhliches Ostereiersuchen!

Motivgröße

ca. 29 cm x 36 cm

Material

- Tonkarton in A4, hellbraun
- Tonkartonreste, gelb, rot, blau, grün, dunkelbraun und schwarz
- Wellpappe in A3, dunkelgrün
- Selbstklebende Farbpunkte, ø 8 mm, gelb, grün, weiß und blau

Vorlagen-bogen 1B

Zwei Blumen nur für dich

(Anleitung Seite 14)

Zwei Blumen nur für dich

(Abbildung Seite 12/13)

Wie schön ist es, verliebt zu sein wie diese zwei Käfer! Schneiden Sie zunächst alle Teile für die Köpfe aus. Das Käfermädchen wird mit einer gelben Schleife fein gemacht, die Sie mit roten Filzstift-Tupfen verzieren. Kleben Sie nun alles zusammen und fügen Sie mit schwarzem Stift die Linien und Pünktchen wie vorgegeben ein. Dem Mädchen zeichnen Sie Wimpern und Lichtpunkte im unteren Augenbereich. Jetzt bereiten Sie die Füße und die Arme vor. Setzen Sie die roten Flügel auf die schwarzen Körper und schieben Sie jeweils ein Bein und einen Arm dazwischen. Anschließend wird jeweils das zweite Bein von hinten befestigt. Beim Käfermädchen müssen Sie den zweiten Arm gemäß Vorlagenbogen etwas einschneiden, bevor Sie ihn aufkleben. Voilà, der Käferjunge bekommt Blumen in die Hand. Jetzt vervollständigen Sie die adretten Krabbeltiere mit den restlichen Linien, kleben die schwarzen Punkte auf die Flügel und malen rosa Bäckchen mit Rouge. Ein Paar zum Verlieben!

Motivgröße

ca. 22 cm x 35 cm bzw. 19 cm x 35 cm

Material

- Tonkarton in A4, rot, schwarz und hautfarben
- Tonkartonreste, gelb, grün und braun
- Selbstklebende Farbpunkte, ø 8 mm, schwarz

Vorlagenbogen 2A

Kleine Flugpause

Die süße Biene scheint den Frühling richtig zu genießen. Kleben Sie zu Beginn die schwarzen Streifen auf den gelben Körper, wobei der kleine Stachel schwarz angemalt wird. Nun werden die Füße aufgesetzt und die hautfarbenen Arme hinter den Körper geklebt. Fertigen Sie den Kopf, indem Sie die Haare, Augen und Fühler an den vorgesehenen Stellen fixieren. Wenn der Kopf am Körper befestigt ist, fehlen noch die Flügel aus Pergament- oder Butterbrotpapier. Der Frühlingszweig wird mit Blüten und Blättern geschmückt. Achten Sie

darauf, zwei der rosaroten Blüten erst zu montieren, nachdem Sie die Biene auf den Zweig gesetzt haben. Nun zeichnen Sie schwarze Linien auf die Blätter, den Zweig, die Haare und das Gesicht, das Sie außerdem mit Rouge verschönern. Wenn Sie jetzt noch weiße Blütenpunkte auftupfen, kann Ihnen die süße Biene vom Fenster aus zulächeln.

Motivgröße

ca. 30 cm x 30 cm

Material

- Tonkarton in A4, dunkelbraun
- Tonkartonreste, hautfarben, gelb, hellgrün, dunkelgrün, rosa und schwarz
- Pergamentpapier (Flügel)

Vorlagenbogen 4A

Heimreise aus dem Süden

Hurra – schnell nach Hause in die heimische Frühlingssonne! Aber eine kurze Pause vor Ihrem Fenster gönnt sich dieser lustige Vogel doch. Befestigen Sie zunächst den Flügel auf dem Vogelkörper. Dann setzen Sie den Hut samt Zweig auf und platzieren das blaue, mit weißen Tupfen verzierte Halstuch. Anschließend kleben Sie den Schnabel von hinten an den Kopf. Bevor Sie dem Piepmatz seinen Koffer unter Flügel und Bauch kleben, versehen Sie das Gepäckstück mit einem roten Flicken. Jetzt schneiden Sie die Wolke aus, zeichnen die Binnenlinien und ritzen mit dem Cutter den gestrichelten Bogen, in den Sie den Vogel schieben. Vervollständigt wird mit schwarzen Filzstiftlinien, Rouge und dem Lichtpunkt. Na, ob sich der kleine „Afrika-Urlauber" den ganzen Frühling über an Ihrem Fenster tummelt?

Motivgröße

ca. 27 cm x 26 cm

Material

- Tonkarton in A4, gelb und hellblau
- Tonkartonreste, hellgrün, dunkelgrün, dunkelblau, rot und orange, evtl. schwarz (Auge)

Vorlagenbogen 1B

Und flattern durch die Frühlingsluft …

Mit diesen farbenfrohen und heiter lächelnden Schmetterlingen wachsen Ihrer Seele Flügel! Schneiden Sie für jeden Schmetterling die Flügel und zweimal den Körper aus. Beim Zusammenkleben der beiden gelben Körperteile schieben Sie die gefalteten Flügel und die Fühler dazwischen. Sobald der Klebstoff getrocknet ist, drücken Sie die Flügel leicht auseinander. Nun werden die gelben Punkte auf die Flügel geklebt und die Gesichter gezeichnet. Verbinden Sie die federleichten Tiere entsprechend der Abbildung mit Nähgarn oder mit transparentem Nylonfaden.
Übrigens: Dieses Mobile kann quasi unendlich durch weitere Schmetterlinge fortgesetzt werden – eine reizende Fensterdeko!

Motivgröße

insgesamt
ca. 16 cm x 66 cm

Material

- Tonkarton in A4, gelb
- Tonkarton in A3, regenbogenfarben
- Tonkartonreste, schwarz

Vorlagenbogen 2B

Hihi, oh, das kitzelt!

Diesem verspielten Hund ist einer der ersten Frühlingsboten direkt auf die Nasenspitze geflogen, während ein zweiter neugierig zuschaut. Die drei scheinen sich gut zu verstehen. Beginnen Sie damit, Körper und Schwanz des freundlichen Vierbeiners aus brauner Wellpappe auszuschneiden. Dann fertigen Sie die beiden Schlappohren und den Kopf und befestigen diese Teile auf dem Körper. Nehmen Sie dafür den Vorlagenbogen als Orientierungshilfe. Nun werden die hautfarbene Schnauze und die beiden Pfoten aufgesetzt. Auch die Nase kann schon befestigt werden. Für die Augen bemalen Sie weißen Tonkarton mit schwarzem Filzstift, wobei Sie den Lichtpunkt und den unteren Rand weiß lassen. Nun kann der süße Fratz ins Gras gesetzt werden. Die zwei Schmetterlinge aus Regenbogenpapier werden mit vier Löchern versehen und anschließend in der Mitte gefaltet. Damit sie plastisch wirken, bestreichen Sie nur den Knick mit etwas Klebstoff und setzen sie dann an die vorgegebenen Stellen. Jetzt müssen noch die Linien und Pünktchen eingezeichnet und die Backen mit einem Hauch Rouge versehen werden.

Motivgröße

ca. 30 cm x 36 cm

Material

- Tonkarton in A4, hellbraun und grün
- Tonkartonreste, hautfarben, weiß, schwarz und regenbogenfarben
- Wellpappe in A4, braun

Vorlagenbogen 2B

Frühlingsduft macht hungrig

Dieser herzige Hoppelhase scheint einen Riesenhunger zu haben. Schneiden Sie die große Mohrrübe aus und befestigen Sie daran das grüne Karottenkraut. Jetzt fertigen Sie den Kopf, indem Sie Nase und Augen aufkleben. Auch die Binnenzeichnungen, Lichtpunkte der Augen und Wangenrouge können jetzt hinzugefügt werden. Nun kleben Sie Kopf und Po hinter die Möhre; die Pfoten und die Füße montieren Sie dagegen auf der Möhre. Hierbei nehmen Sie am besten die Zeichnung auf dem Vorlagenbogen zu Hilfe. Jetzt fehlen dem kleinen Stoppelhopser noch die braunen Abdrücke auf den Fußsohlen. Dann kann er zu den gelben Blumen ins Gras gesetzt werden und genüsslich an seinem Leckerbissen knabbern.

Motivgröße

ca. 38 cm x 30 cm

Material

- Tonkarton in A4, hellbraun und orange
- Tonkartonreste, gelb, dunkelbraun und schwarz
- Wellpappe in A3, hellgrün
- Wellpappenrest, dunkelgrün

Vorlagenbogen 3B

Auch Gänsekinder schließen Freundschaft

Diese beiden Knuddelgänse haben sich besonders fein gemacht, um an Ihrem Fenster schnatternd den Frühling zu begrüßen. Dabei ist es ganz einfach, das nette Paar zu basteln. Schneiden Sie zuerst die beiden weißen Körper und die dazugehörenden Flügel aus. Kleben Sie dann beim Mädchen den Schnabel und die Haube, beim Jungen den Schnabel, die Mütze und das Halstuch an die richtige Stelle. Beide brauchen jetzt noch ihr Auge und den Flügel. Die Watschelfüße werden von hinten am Körper befestigt. Nun können die zwei ins Gras gesetzt werden. Bevor sie losmarschieren, müssen Sie allerdings flugs die schwarzen Innenlinien zeichnen und die weißen Punkte auftupfen. Etwas Rouge verleiht den beiden Süßen noch mehr Lebendigkeit.

Motivgröße

je ca. 16 cm x 25 cm

Material

- Tonkarton in A4, weiß
- Tonkartonreste, gelb, orange, pink, grün, blau und schwarz

Vorlagenbogen 3A

Geschafft – Frühjahrsputz fertig!

Sieht gemütlich aus, das Domizil dieser Weinbergschnecke, nicht wahr? Setzen Sie nach dem Ausschneiden der Teile das braune Schneckenhaus auf den hellbraunen Körper. Anschließend wird das rote Dach befestigt. Jetzt können das schwarze Fenster, die Fühlerpunkte und der Schornsteinrand aufgeklebt werden. Vergessen Sie nicht die fünf leuchtenden Frühjahrsblumen vor dem Fenster. Nun kann die Hübsche langsam auf die Wiese kriechen, wo noch drei Grasbüschel aufgeklebt werden. Zuletzt werden die Augen gezeichnet oder geklebt sowie Linien, Rouge und Lichtpunkte aufgemalt.

Motivgröße

ca. 30 cm x 24 cm

Material

- Tonkarton in A4, hellbraun und dunkelbraun
- Tonkartonreste, gelb, rot, grün, blau und schwarz
- Wellpappe in A3, dunkelgrün

Vorlagenbogen 3B

Warte, bald kann ich fliegen!

Hallo, wer guckt denn da so sehnsüchtig aus dem Nest? Dieses Küken ist in Windeseile gebastelt. Beginnen Sie damit, den Kopf und die Flügel auszuschneiden. Dann kleben Sie den Schnabel und die Augen auf, die Sie zuvor teilweise schwarz bemalt haben. Jetzt werden auch die Flügel und die weiß getupfte Schleife platziert. Befestigen Sie das Vogelkind, indem Sie es von hinten an das Nest aus brauner Wellpappe kleben. So, nun schmücken Sie das Nest mit grünen Frühlingsblättern und fügen die Binnenzeichnungen und das Wangenrouge hinzu. Jetzt kann der kleine Fratz auch an Ihrem Fenster von seinem ersten Flug in den Himmel träumen.

Motivgröße

ca. 27 cm x 25 cm

Material

- Tonkarton in A4, gelb
- Tonkartonreste, orange, rot, weiß, hellgrün und dunkelgrün
- Wellpappe in A3, braun

Vorlagenbogen 4B

Dieses kuschelige Lamm, das naseweis hinter dem Zaun hervorgrinst, freut sich genauso über den Frühling wie Sie. Nach dem Ausschneiden der Teile befestigen Sie zuerst den Kopf mitsamt der Haarwolle auf dem Körper. Achten Sie beim Aufzeichnen der einzelnen Zaunbretter auf den Streifenverlauf der Wellpappe. Kleben Sie die Zaunbretter wie in der Zeichnung angegeben zusammen. Nun werden alle Teile des Fensterbildes aneinander gefügt. Das Lamm wird zunächst auf den großen Busch geklebt. Anschließend montieren Sie den Zaun auf dem Lamm. Die kleinen Büsche werden vor den Zaun gesetzt und die Blumen in den Büschen verteilt. Abschließend tragen Sie Binnenlinien, Lichtpunkte und Rouge auf. Nun blinzelt der kleine Schelm auch Ihnen vom Fenster aus zu.

Hier gefällt es mir!

Motivgröße

ca. 42 cm x 20 cm

Material

- Tonkarton in A4, dunkelgrün und weiß
- Tonkartonreste, gelb, orange, hautfarben und hellgrün, evtl. schwarz (Augen, Nase)
- Wellpappe in A4, dunkelblau

Vorlagenbogen 3A

Hallo, Lars und Lena!

(Anleitung Seite 30)

Hallo, Lars und Lena!

(Abbildung Seite 28/29)

Diese zwei Hübschen haben auf ihrer Wiesentour eine Hand voll Gänseblümchen gepflückt und möchten Ihre Wohnung schmücken. Hier heißt es „Ladies first", denn wir beginnen mit dem Mädchen. Schneiden Sie zunächst das Kleid aus und befestigen Sie die Hände, die Beine und den Hals daran. Nun setzen Sie die Taschen auf, bringen Klebepunkte als Knöpfe an und montieren die Schuhe und den Kopf. Auch die braunen Haare, die Haarrosetten und die Augen können angeklebt werden. Schneiden Sie acht weiße Blüten aus und setzen Sie je einen gelben Klebepunkt darauf. Nun reihen Sie die Blüten zu einem Haarkranz nebeneinander. Bei dem kleinen Mann kleben Sie zunächst die blaue Hose auf den grünen Pullover. Anschließend bringen Sie den Hals und die Beine an. Auch Schuhe, Gesicht, Augen, Haare, Knöpfe und der Flicken können platziert werden. Den Strauß verstecken Sie ein wenig hinter dem Rücken des Blumenkavaliers. Auch hier werden die weißen Blüten mit gelben Klebepunkten versehen. So, nun fehlen den zwei Frühlingskindern noch die schwarzen Binnenzeichnungen, zartrosa Rouge-Wangen und Lichtpunkte in den Augen, um einen weiteren Ausflug zur Gänseblümchenwiese unternehmen zu können.

Motivgröße

ca. 23 cm x 35 cm je Figur

Material

- Tonkarton in A4, hautfarben, gelb, blau und braun
- Tonkartonreste, hellgrün, dunkelgrün, rot, schwarz und weiß
- Selbstklebende Farbpunkte, ø 8 mm, gelb und grün

Vorlagenbogen 4A

Hallöchen, Frühling, ich komme!

Dieses putzmuntere Entenküken möchte an Ihrem Fenster zur Landung ansetzen. Also, los geht's! Schneiden Sie zuerst den Körper aus und kleben Sie ihn auf den großen Grasbüschel. Jetzt werden die Füße und der große Schnabel montiert. Auch die Augen können schon aufgeklebt werden. Nun bereiten Sie das regenbogenfarbene Halstuch und die Schleife vor und verzieren sie mit kleinen Farbpunkten. Fein gemacht wird das Entenkind zuletzt mit Binnenlinien, Lichtpunkten und Rouge.

Motivgröße

ca. 45 cm x 45 cm

Material

- Tonkarton in A3, gelb
- Tonkarton in A4, orange
- Tonkartonrest, schwarz
- Regenbogenpapierreste, rot und blaugrün
- Wellpappe in A3, hellgrün
- Selbstklebende Farbpunkte, ø 8 mm, grün und gelb

Vorlagenbogen 4B

Miau, ich bin Schnee-weißchen!

Wer kann dem Blick dieser samtweichen Miezekatze widerstehen? Wenn sie auch einen Platz an Ihrem Fenster bekommen soll, dann beginnen Sie damit, die weißen Körperteile auszuschneiden und gemäß der Zeichnung zusammenzukleben. Anschließend platzieren Sie die Augen und die Nase. Jetzt können Sie die Katze auf den Rasen setzen, wo auch die Frühlingsblumen angebracht werden. Zum Schluss werden alle Linien und die Pünktchen eingezeichnet, die Lichtpunkte aufgetupft und der Kopf mit einem Hauch Rouge auf Bäckchen und Ohren verziert.

Motivgröße

ca. 27 cm x 31 cm

Material

- Tonkarton in A4, weiß
- Tonkartonreste, flieder, lila, pink, dunkelgrün und schwarz
- Wellpappe in A3, grün

Vorlagenbogen 1A